AF222017

Impressum
Verlag: BABADADA GmbH, Nedderfeld 112 , 22529 Hamburg
Geschäftsführer / Verlagsleitung: Harald Hof
Druck: Books on Demand GmbH, In de Tarpen 42, 22848 Norderstedt

Imprint
Publisher: BABADADA GmbH, Nedderfeld 112 , 22529 Hamburg, Germany
Managing Director / Publishing direction: Harald Hof
Print: Books on Demand GmbH, In de Tarpen 42, 22848 Norderstedt, Germany

школа

skola

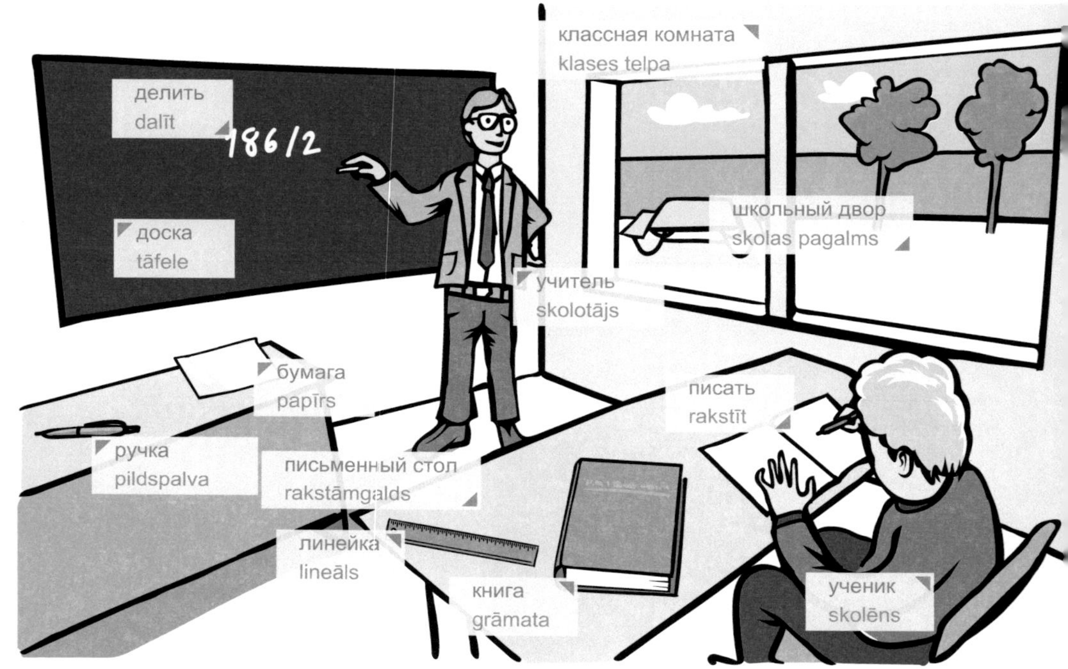
классная комната
klases telpa
делить
dalīt
186/2
доска
tāfele
школьный двор
skolas pagalms
учитель
skolotājs
бумага
papīrs
писать
rakstīt
ручка
pildspalva
письменный стол
rakstāmgalds
линейка
lineāls
книга
grāmata
ученик
skolēns

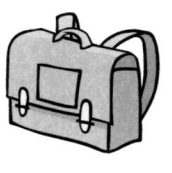

ранец

skolas soma

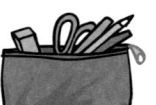

пенал

penālis

карандаш

zīmulis

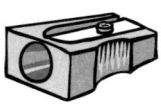

точилка

zīmuļu asināmais

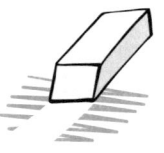

ластик

dzēšgumija

альбом для рисования

zīmēšanas bloks

рисунок

zīmējums

кисточка

ota

коробка красок

krāsas

ножницы

šķēres

клей

līme

тетрадь

darba burtnīca

домашняя работа

mājas darbs

цифра

skaitlis

прибавлять

saskaitīt

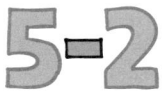

вычитать

atņemt

умножать

reizināt

считать

rēķināt

буква

burts

алфавит

alfabēts

слово

vārds

текст

teksts

читать

lasīt

мел

krīts

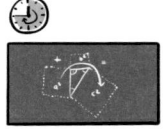

урок

mācību stunda

классный журнал

žurnāls

экзамен

eksāmens

диплом

liecība

школьная форма

skolas forma

образование

izglītība

энциклопедия

enciklopēdija

университет

universitāte

микроскоп

mikroskops

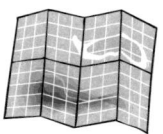

карта

karte

корзина для бумаг

papīrgrozs

путешествие
ceļojums

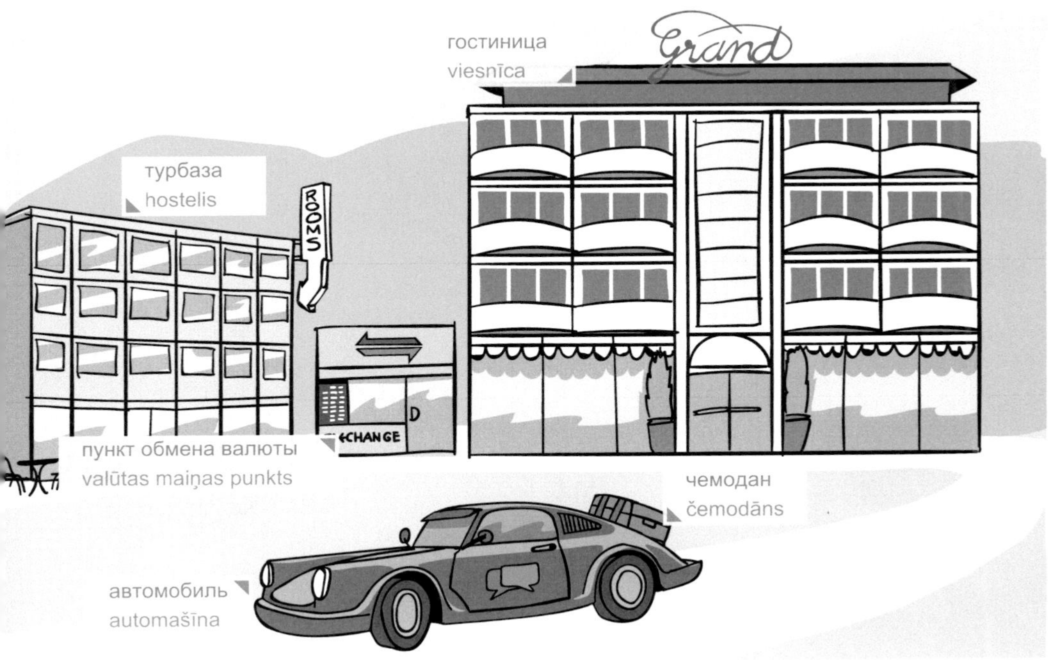

гостиница
viesnīca
Grand
турбаза
hostelis
ROOMS
пункт обмена валюты
valūtas maiņas punkts
чемодан
čemodāns
автомобиль
automašīna

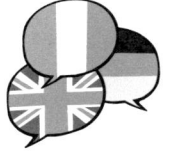

язык

Valoda

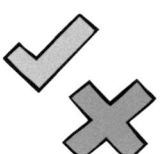

да / нет

jā / nē

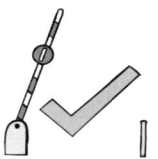

хорошо

Okay

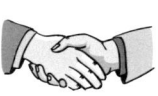

Привет

Sveiki!

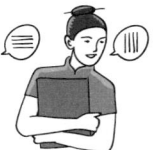

переводчик

tulks

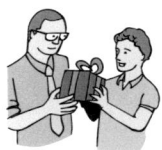

Спасибо

paldies

Сколько стоит…?

Cik maksā…?

Я не понимаю

Es nesaprotu

проблема

problēma

Добрый вечер!

Labvakar!

Доброе утро!

Labrīt!

Доброй ночи!

Ar labu nakti!

До свидания

Uz redzēšanos

направление

virziens

багаж

bagāža

сумка

soma

рюкзак

mugursoma

гость

viesis

комната

istaba

спальный мешок

guļammaiss

палатка

telts

туристическая
информация
tūrisma informācija

пляж
pludmale

кредитная карточка
kredītkarte

завтрак
brokastis

обед
pusdienas

ужин
vakariņas

билет
biļete

лифт
lifts

почтовая марка
pastmarka

граница
robeža

таможня
muita

посольство
vēstniecība

виза
vīza

паспорт
pase

транспорт
transports

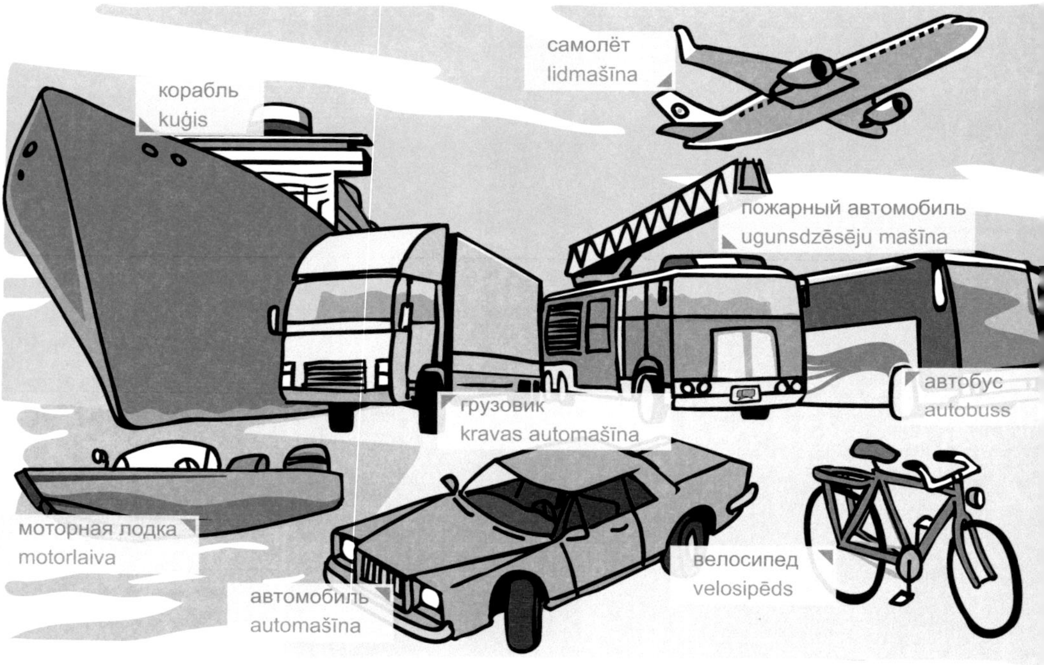

самолёт
lidmašīna
корабль
kuģis
пожарный автомобиль
ugunsdzēsēju mašīna
автобус
autobuss
грузовик
kravas automašīna
моторная лодка
motorlaiva
велосипед
velosipēds
автомобиль
automašīna

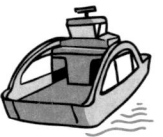

паром

prāmis

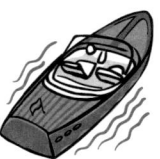

лодка

laiva

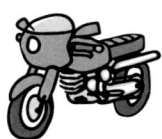

мотоцикл

motocikls

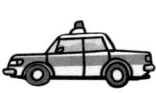

полицейский автомобиль

policijas automašīna

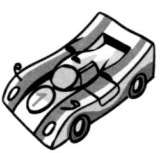

гоночный автомобиль

sacīkšu automobilis

арендованный автомобиль

nomas auto

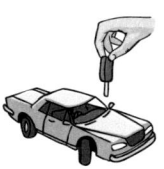

совместное пользование
автомобилями

auto koplietošana

буксировочный
автомобиль
evakuators

мусоровоз

atkritumu mašīna

двигатель

dzinējs

топливо

benzīns

заправка

degvielas uzpildes stacija

дорожный знак

ceļa zīme

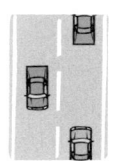

движение

satiksme

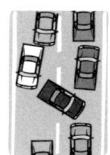

пробка

sastrēgums

автостоянка

stāvvieta

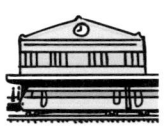

вокзал

dzelzceļa stacija

рельсы

sliedes

поезд

vilciens

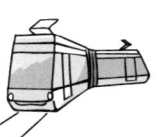

трамвай

tramvajs

вагон

vagons

вертолёт

helikopters

аэропорт

lidosta

вышка

tornis

пассажир

pasažieris

контейнер

konteiners

коробка

kaste

тележка

ratiņi

корзина

grozs

взлетать / приземляться

pacelties / nosēsties

город

pilsēta

деревня

ciems

центр города

pilsētas centrs

дом

māja

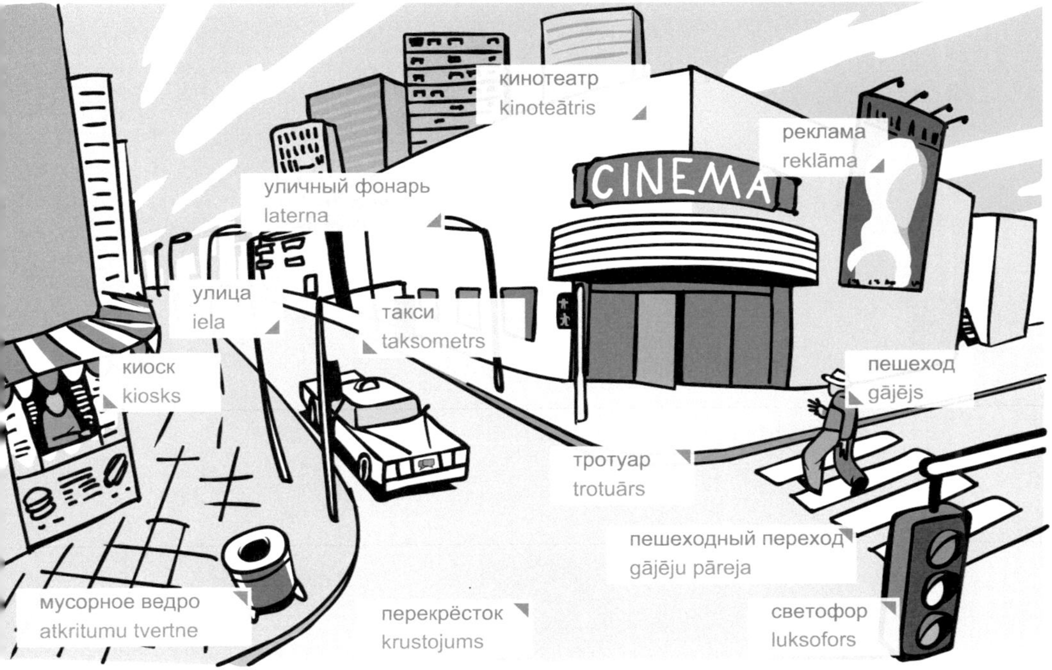

CINEMA
кинотеатр
kinoteātris
реклама
reklāma
уличный фонарь
laterna
улица
iela
такси
taksometrs
киоск
kiosks
пешеход
gājējs
тротуар
trotuārs
пешеходный переход
gājēju pāreja
мусорное ведро
atkritumu tvertne
перекрёсток
krustojums
светофор
luksofors

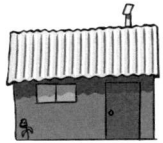

хижина

būda

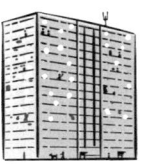

квартира

dzīvoklis

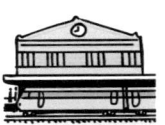

вокзал

dzelzceļa stacija

ратуша

rātsnams

MUSEUM

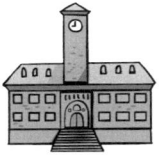

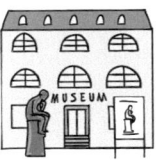

музей

muzejs

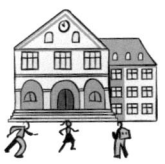

школа

skola

университет

universitāte

банк

banka

больница

slimnīca

гостиница

viesnīca

аптека

aptieka

офис

birojs

книжный магазин

grāmatnīca

магазин

veikals

цветочный магазин

ziedu veikals

супермаркет

lielveikals

рынок

tirgus

универмаг

tirdzniecības centrs

торговец рыбой

zivju tirgotājs

торговый центр

tirdzniecības centrs

порт

osta

парк

parks

скамейка

sols

мост

tilts

лестница

kāpnes

метро

metro

тоннель

tunelis

автобусная остановка

autobusa pieturvieta

бар

bārs

ресторан

restorāns

почтовый ящик

pastkastīte

табличка с названием улицы

ielas nosaukuma plāksne

паркометр

stāvlaika skaitītājs

зоопарк

zooloģiskais dārzs

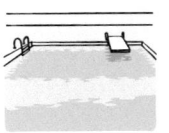

бассейн

peldbaseins

мечеть

mošeja

ферма

zemnieku saimniecība

загрязнение окружающей среды

vides piesārņojums

кладбище

kapsēta

церковь

baznīca

детская площадка

spēļu laukums

храм

templis

ландшафт

ainava

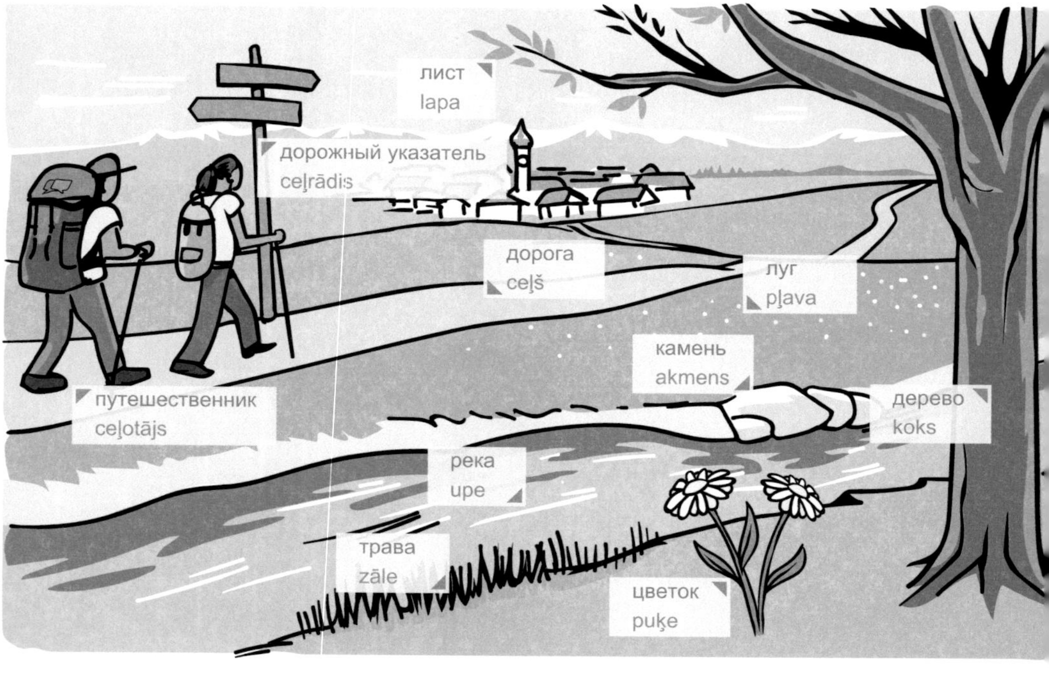

лист
lapa

дорожный указатель
ceļrādis

дорога
ceļš

луг
pļava

камень
akmens

дерево
koks

путешественник
ceļotājs

река
upe

трава
zāle

цветок
puķe

долина

ieleja

гора

kalns

озеро

ezers

лес

mežs

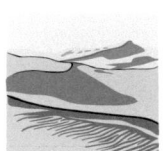

пустыня

tuksnesis

вулкан

vulkāns

замок

pils

радуга

varavīksne

гриб

sēne

пальма

palma

комар

moskīts

муха

muša

муравей

skudra

пчела

bite

паук

zirneklis

ландшафт - ainava

жук

vabole

лягушка

varde

белка

vāvere

еж

ezis

заяц

zaķis

сова

pūce

птица

putns

лебедь

gulbis

кабан

meža cūka

олень

briedis

лось

alnis

плотина

aizsprosts

ветряной генератор

vēja ģenerators

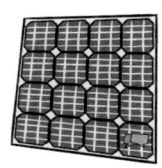

солнечная батарея

saules baterija

климат

klimats

ресторан
restorāns

официант
viesmīlis
меню
ēdienkarte
стул
krēsls
суп
zupa
пицца
pica
столовые приборы
galda piederumi
скатерть
galdauts

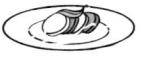

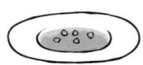

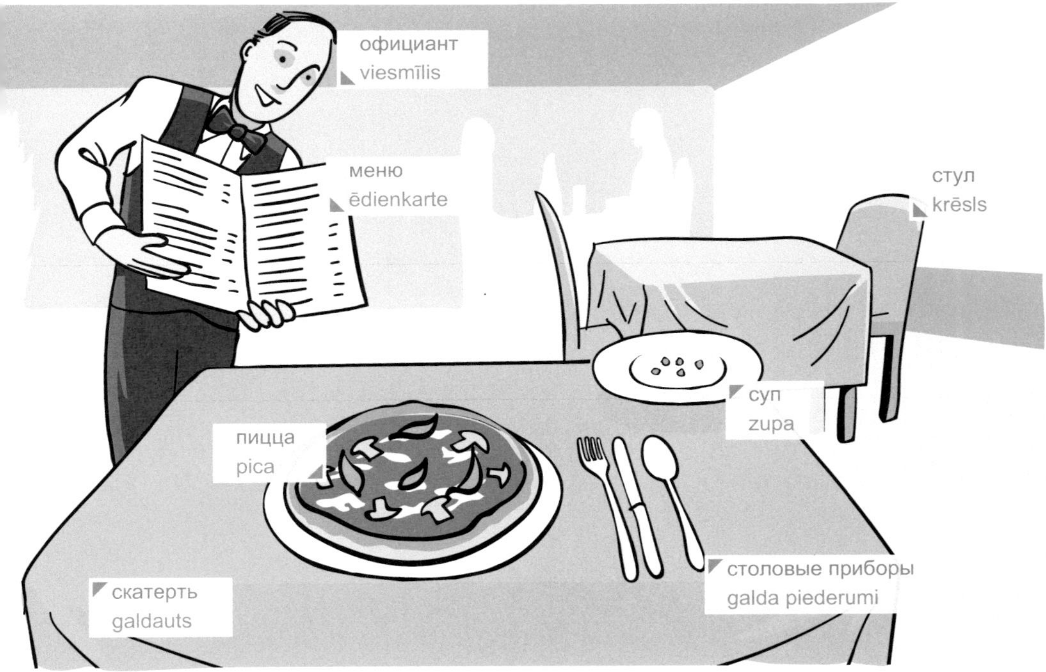

закуска

uzkoda

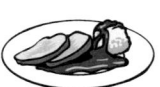

главное блюдо

pamatēdiens

десерт

deserts

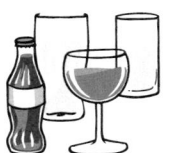

напитки

dzērieni

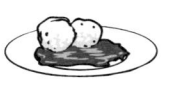

еда

ēdiens

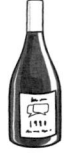

бутылка

pudele

фастфуд

ātrās uzkodas

уличная еда

ielu uzkodas

чайник

tējkanna

сахарница

cukurtrauks

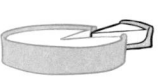

порция

porcija

кофеварка

espresso kafijas automāts

детский стульчик

bāra krēsls

счет

rēķins

поднос

paplāte

нож

nazis

вилка

dakša

ложка

karote

чайная ложка

tējkarote

салфетка

salvete

стакан

glāze

тарелка

šķīvis

суповая тарелка

zupas šķīvis

блюдце

apakštase

соус

mērce

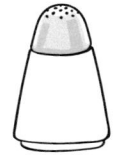

солонка

sāls trauciņš

мельница для перца

piparu dzirnaviņas

уксус

etiķis

масло

eļļa

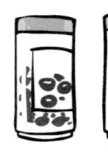

специи

garšvielas

кетчуп

kečups

горчица

sinepes

майонез

majonēze

супермаркет
lielveikals

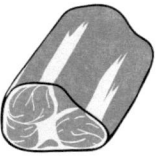

специальное предложение
piedāvājums
FOR
покупатель
klients
молочные продукты
piena produkti
фрукты
augļi
тележка для покупок
iepirkumu ratiņi

BUTCHERS

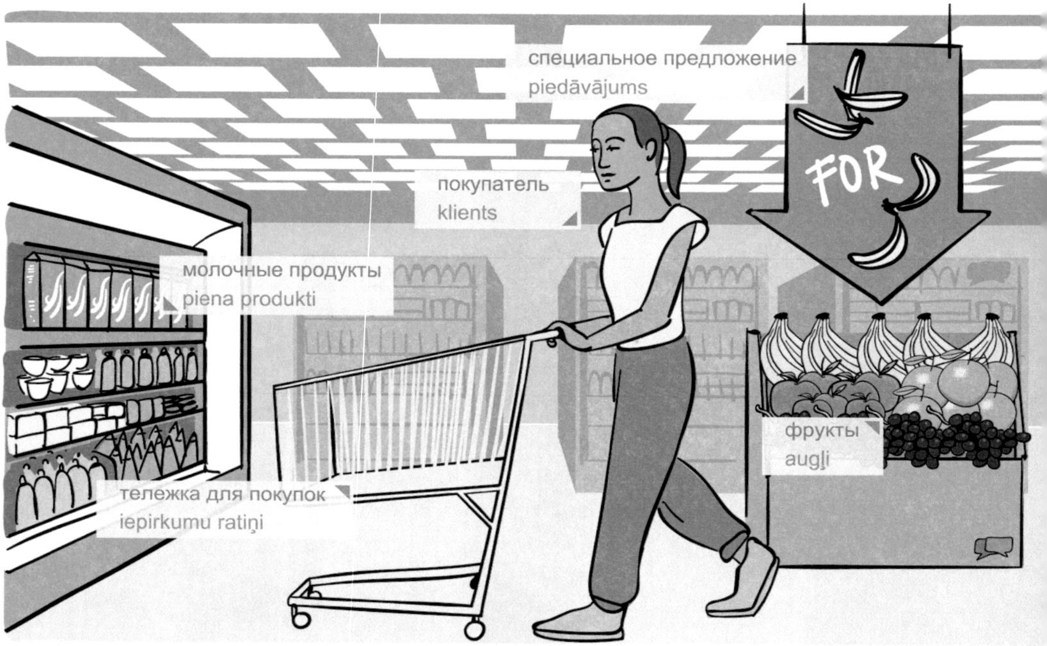

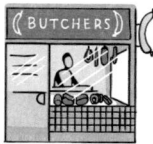

мясной магазин

kautuve

BAKERY

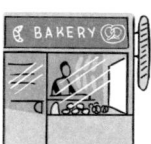

пекарня

maizes veikals

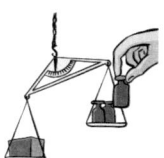

взвешивать

svērt

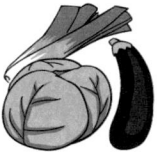

овощи

dārzeņi

мясо

gaļa

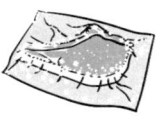

быстрозамороженные продукты

saldēti produkti

нарезка

aukstās gaļas uzkodas

консервы

konservi

стиральный порошок

pulveris

сладости

saldumi

предмет домашнего обихода

mājsaimniecības preces

моющее средство

tīrīšanas līdzeklis

продавщица

pārdevēja

касса

kase

кассир

kasieris

список покупок

iepirkumu saraksts

время работы

darba laiks

бумажник

maks

кредитная карточка

kredītkarte

сумка

soma

полиэтиленовый пакет

maisiņš

вода

ūdens

сок

sula

молоко

piens

кока-кола

kola

вино

vīns

пиво

alus

алкоголь

alkohols

какао

kakao

чай

tēja

кофе

kafija

эспрессо

espresso

капучино

kapučīno

банан

banāns

яблоко

ābols

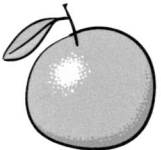

апельсин

apelsīns

арбуз

melone

лимон

citrons

морковь

burkāns

чеснок

ķiploks

бамбук

bambuss

лук

sīpols

гриб

sēne

орехи

rieksti

лапша

makaroni

спагетти

spageti

рис

rīsi

салат

salāti

картофель фри

frī kartupeļi

жареный картофель

cepti kartupeļi

пицца

pica

гамбургер

hamburgers

сэндвич

sviestmaize

шницель

šnicele

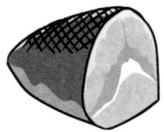

ветчина

šķiņķis

салями

salami

колбаса

desa

курица

vista

жаркое

cepetis

рыба

zivs

овсяные хлопья

auzu pārslas

мюсли

muslis

кукурузные хлопья

brokastu pārslas

мука

milti

круассан

radziņš

булочка

brokastu maizītes

хлеб

maize

тост

tostermaize

печенье

cepumi

масло

sviests

творог

biezpiens

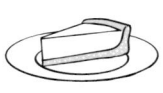

пирог

kūka

яйцо

ola

яичница

cepta ola

сыр

siers

мороженое

saldējums

сахар

cukurs

мёд

medus

мармелад

marmelāde

крем с нугой

riekstu krēms

карри

karijs

ферма
zemnieku saimniecība

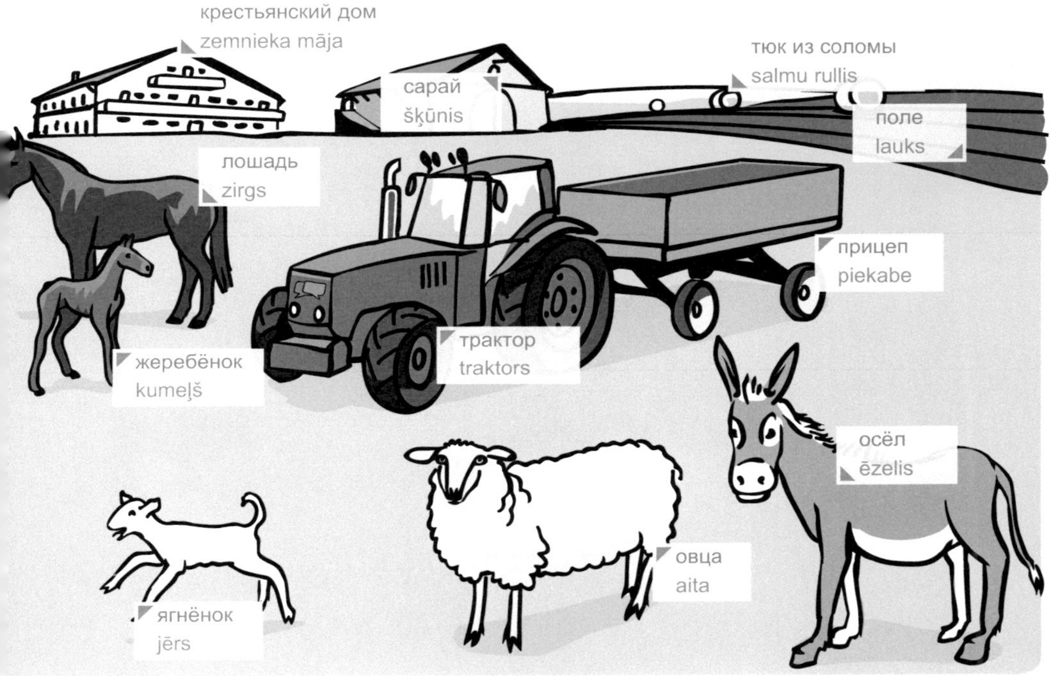

крестьянский дом
zemnieka māja
сарай
šķūnis
тюк из соломы
salmu rullis
поле
lauks
лошадь
zirgs
прицеп
piekabe
трактор
traktors
жеребёнок
kumeļš
осёл
ēzelis
овца
aita
ягнёнок
jērs

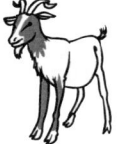

коза
kaza

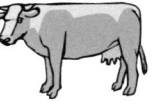

корова
govs

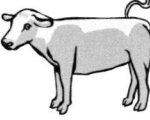

телёнок
teļš

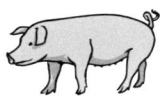

свинья
cūka

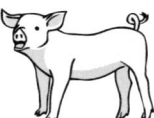

поросёнок
sivēns

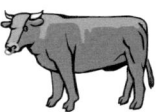

бык
bullis

гусь

zoss

утка

pīle

цыплёнок

cālis

курица

vista

петух

gailis

крыса

žurka

кошка

kaķis

мышь

pele

вол

vērsis

собака

suns

конура

suņa būda

садовый шланг

dārza šļūtene

лейка

lejkanna

коса

izkapts

плуг

arkls

ферма - zemnieku saimniecība

серп

sirpis

мотыга

kaplis

навозные вилы

mēslu dakša

топор

cirvis

тачка

ķerra

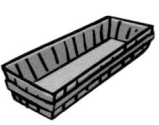

корыто

sile

бидон для молока

piena kanna

мешок

maiss

забор

žogs

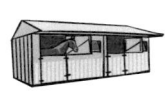

хлев

kūts

теплица

siltumnīca

почва

augsne

посев

sēklas

удобрение

mēslojums

комбайн

kombains

ферма - zemnieku saimniecība

собирать урожай

novākt ražu

урожай

raža

ямс

jamss

пшеница

kvieši

соя

soja

картофель

kartupelis

кукуруза

kukurūza

рапс

rapsis

фруктовое дерево

augļu koks

маниок

manioka

злаки

labība

дом
māja

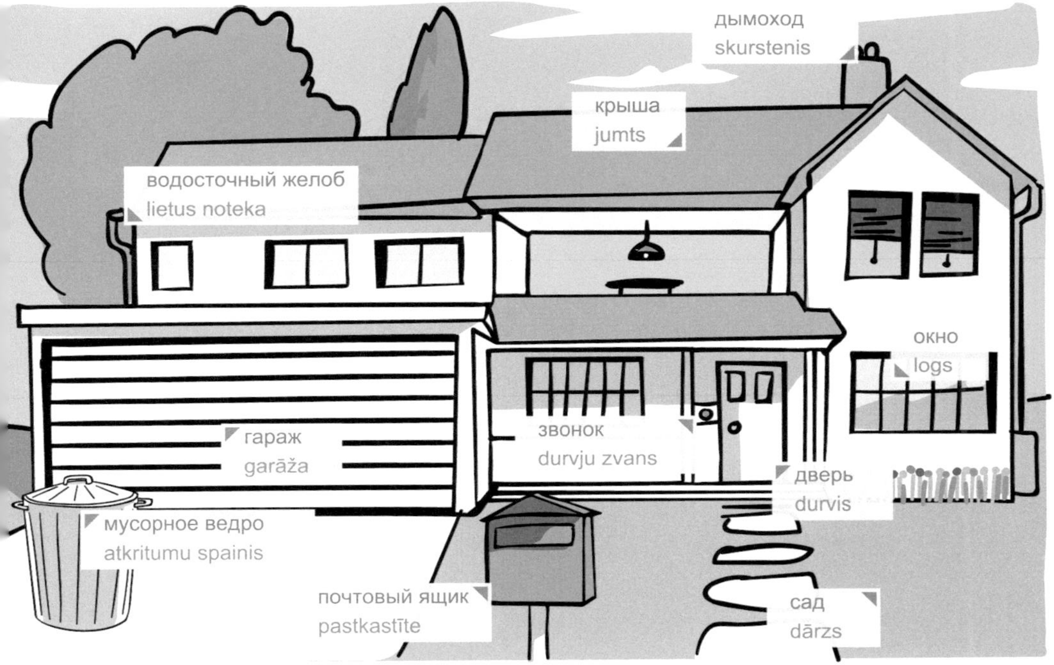
дымоход
skurstenis
крыша
jumts
водосточный желоб
lietus noteka
окно
logs
гараж
garāža
звонок
durvju zvans
дверь
durvis
мусорное ведро
atkritumu spainis
почтовый ящик
pastkastīte
сад
dārzs

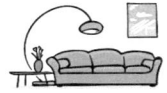

гостиная

viesistaba

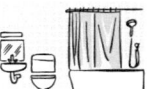

ванная комната

vannas istaba

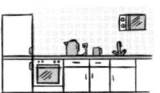

кухня

virtuve

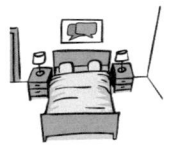

спальня

guļamistaba

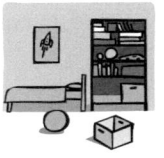

детская комната

bērnu istaba

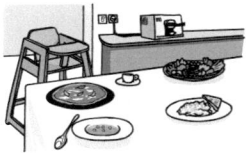

столовая

ēdamistaba

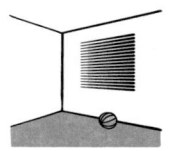

пол

grīda

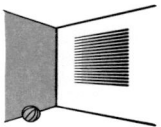

стена

siena

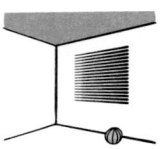

потолок

griesti

подвал

pagrabs

сауна

sauna

балкон

balkons

терраса

terase

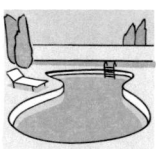

бассейн

baseins

газонокосилка

zāles pļāvējs

пододеяльник

gultas veļa

покрывало

sega

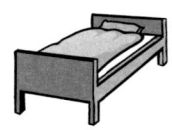

кровать

gulta

метла

slota

ведро

spainis

выключатель

slēdzis

гостиная
viesistaba

обои
tapetes
рисунок
attēls
лампа
lampa
полка
plaukts
шкаф
skapis
телевизор
televizors
камин
kamīns
цветок
puķe
подушка
spilvens
диван
dīvāns
ваза
vāze
пульт дистанционного управления
tālvadības pults

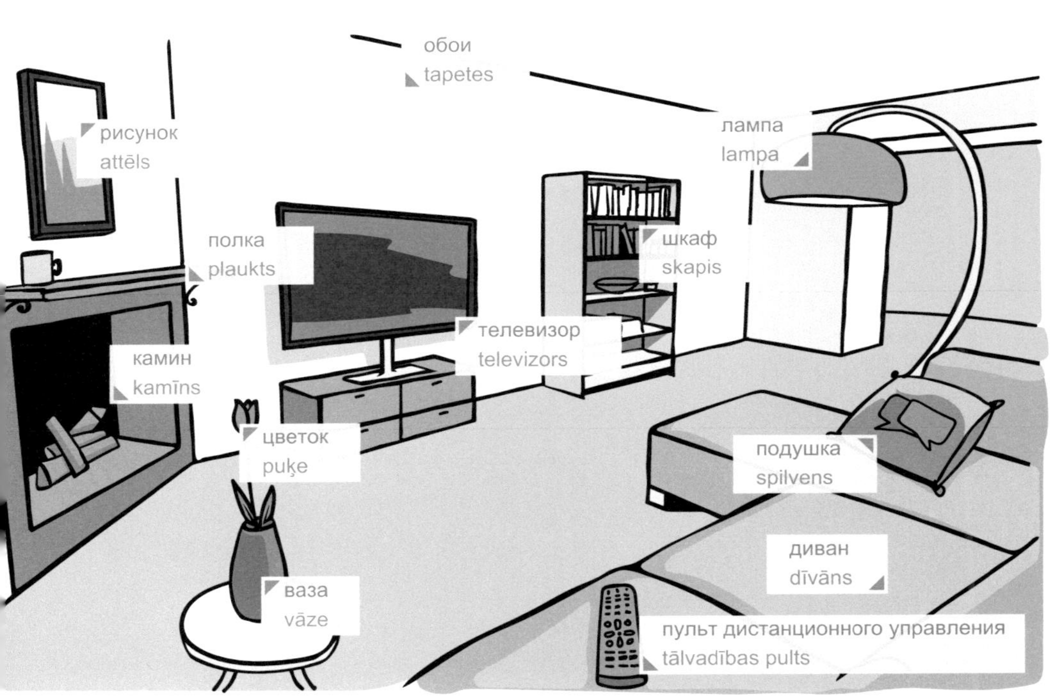

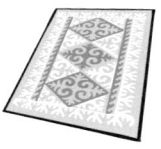

ковёр
paklājs

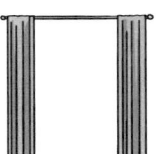

штора
aizkars

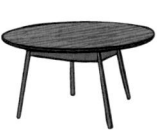

стол
galds

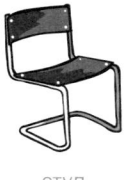

стул
krēsls

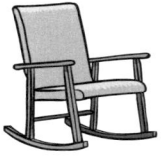

кресло-качалка
šūpuļkrēsls

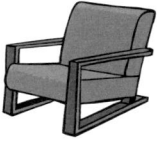

кресло
atpūtas krēsls

книга

grāmata

покрывало

sega

украшение

dekorācija

дрова

malka

фильм

filma

стереосистема

mūzikas centrs

ключ

atslēga

газета

avīze

картина

glezna

плакат

plakāts

радио

radio

блокнот

pierakstu blociņš

пылесос

putekļu sūcējs

кактус

kaktuss

свеча

svece

кухня
virtuve

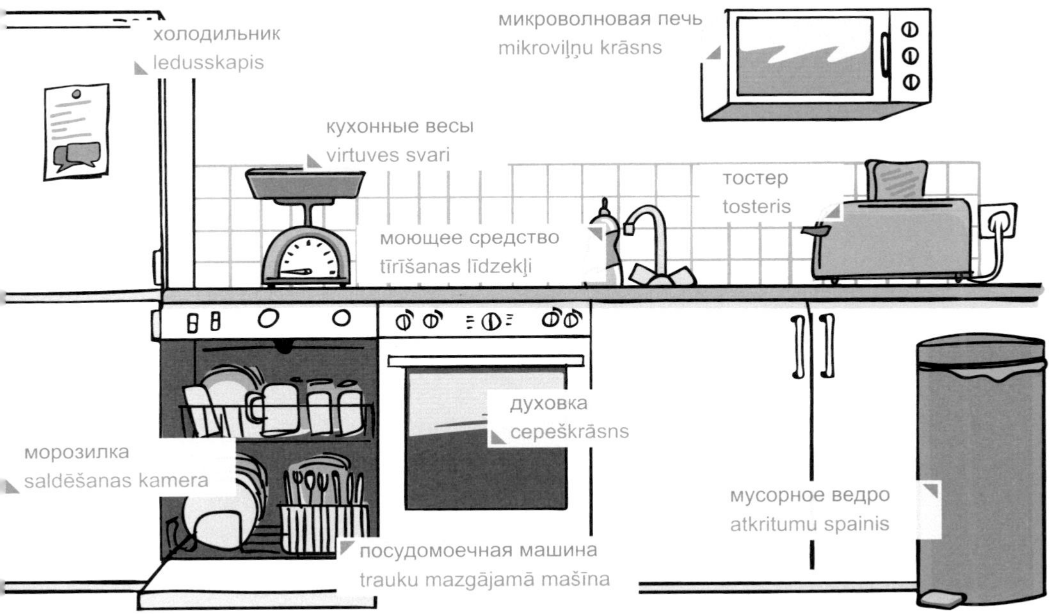
холодильник
ledusskapis
микроволновая печь
mikroviļņu krāsns
кухонные весы
virtuves svari
тостер
tosteris
моющее средство
tīrīšanas līdzekļi
духовка
cepeškrāsns
морозилка
saldēšanas kamera
мусорное ведро
atkritumu spainis
посудомоечная машина
trauku mazgājamā mašīna

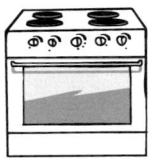

плита

plīts

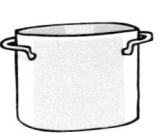

кастрюля

pods

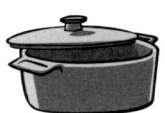

чугунный котелок

katls

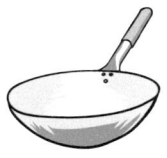

вок / кадай

Wok panna

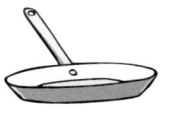

сковорода

panna

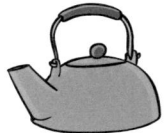

чайник

elektriskā tējkanna

пароварка

tvaika katls

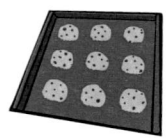

противень

cepešpanna

посуда

trauki

кружка

krūze

миска

bļoda

палочки для еды

irbulīši

половник

kauss

лопатка

lāpstiņa

сбивалка

putošanas slotiņa

сито

sietiņš

сито

siets

тёрка

rīve

ступка

piesta

гриль

grilēt

костёр

atklāts pavards

доска

dēlis

скалка

mīklas rullis

штопор

korķu viļķis

жестяная банка

bundža

консервный нож

konservu nazis

прихватка

virtuves cimdi

раковина

izlietne

щетка

birste

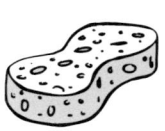

губка

sūklis

миксер

mikseris

морозильная камера

saldētava

бутылочка для кормления

bērna pudelīte

кран

ūdenskrāns

ванная комната
vannas istaba

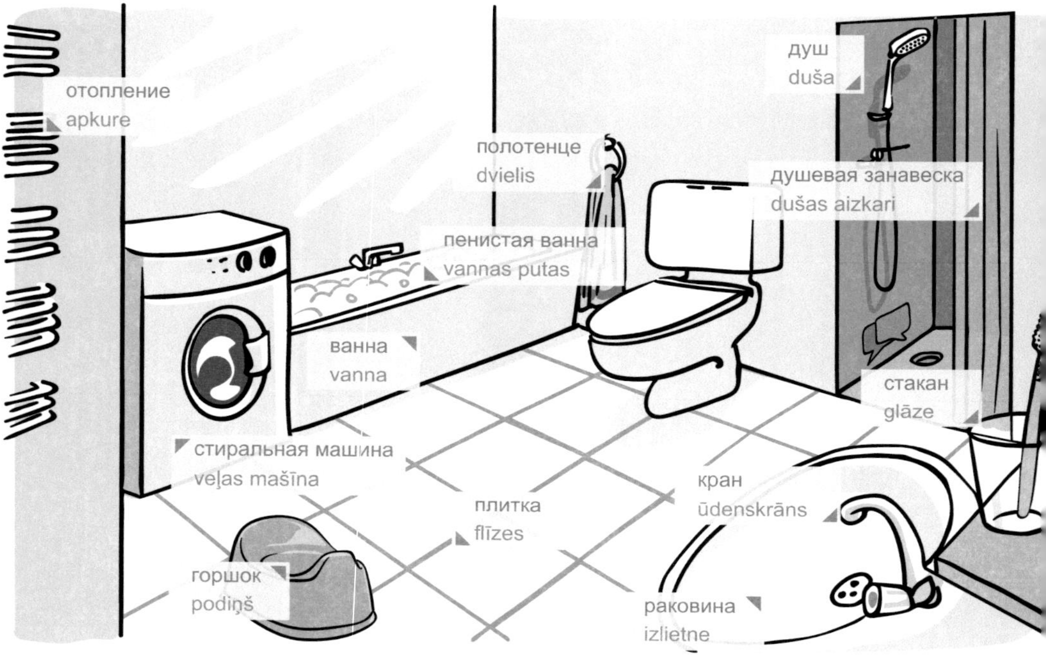

отопление
apkure
душ
duša
полотенце
dvielis
душевая занавеска
dušas aizkari
пенистая ванна
vannas putas
ванна
vanna
стакан
glāze
стиральная машина
veļas mašīna
кран
ūdenskrāns
плитка
flīzes
горшок
podiņš
раковина
izlietne

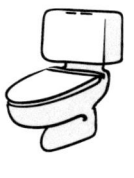

туалет

tualetes pods

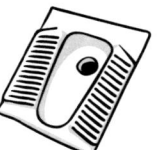

напольный унитаз

Āzijas tipa tualete

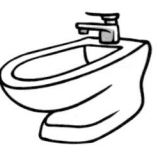

биде

bidē

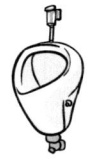

писсуар

pisuārs

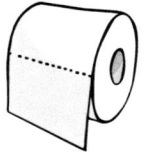

туалетная бумага

tualetes papīs

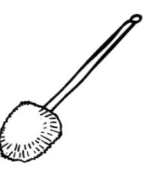

ершик

tualetes birste

зубная щетка

zobu birste

зубная паста

zobu pasta

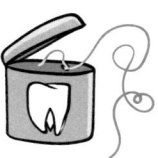

зубная нить

zobu diegs

мыть

mazgāt

ручной душ

rokas duša

интимный душ

duša

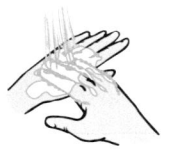

таз

bļoda

щетка для спины

muguras mazgāšanas birste

мыло

ziepes

гель для душа

dušas želeja

шампунь

šampūns

мочалка

mazgāšanas drāna

сток

noteka

крем

krēms

дезодорант

dezodorants

зеркало

spogulis

ручное зеркало

spogulītis

бритва

skuveklis

пена для бритья

skūšanās putas

лосьон после бритья

losjons pēc skūšanās

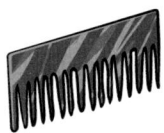

расческа

ķemme

щетка

matu suka

фен

matu fēns

лак для волос

matu laka

косметика

grima komplekts

губная помада

lūpu krāsa

лак для ногтей

nagulaka

вата

vate

маникюрные ножницы

šķērītes

духи

smaržas

косметичка

kosmētikas maks

табуретка

ķeblītis

весы

svari

халат

halāts

резиновые перчатки

tīrīšanas cimdi

тампон

tampons

игиеническая прокладка

pakete

биотуалет

ķīmiskā tualete

детская комната
bērnu istaba

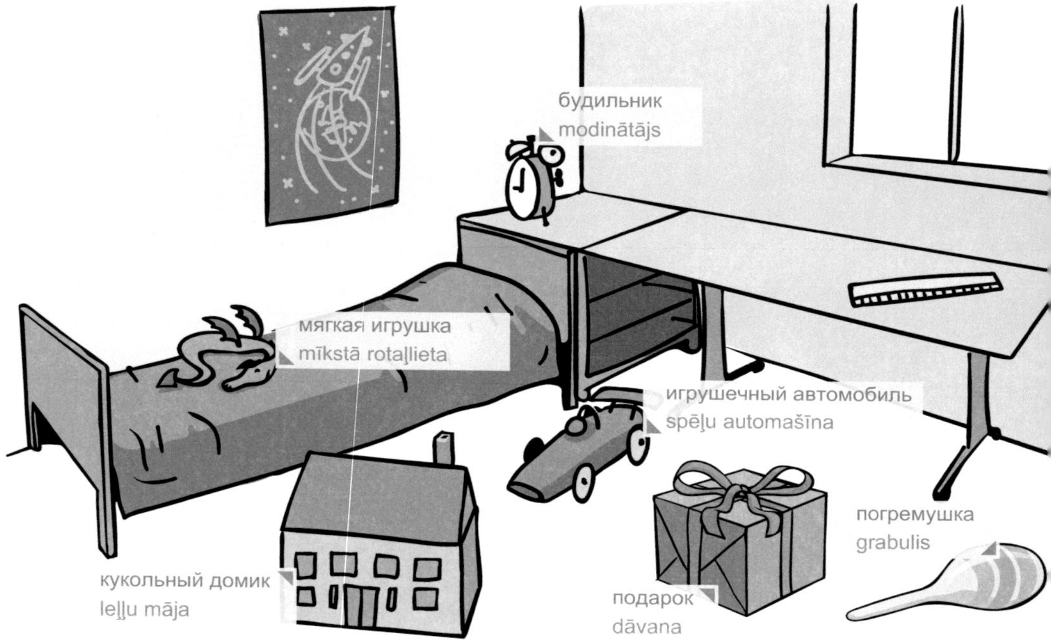

будильник
modinātājs
мягкая игрушка
mīkstā rotaļlieta
игрушечный автомобиль
spēļu automašīna
погремушка
grabulis
кукольный домик
leļļu māja
подарок
dāvana

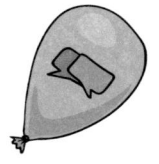

воздушный шар

balons

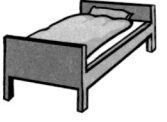

кровать

gulta

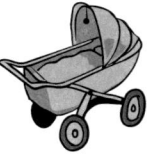

детская коляска

bērnu ratiņi

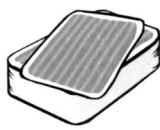

карточная игра

kārtis

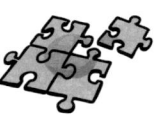

пазл

puzle

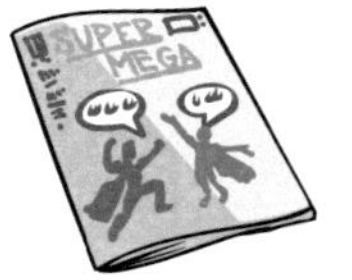

комикс

komikss

кирпичики Лего

LEGO klucīši

кубики

klucīši

игрушечная фигурка

varoņu figūra

ползунки

rāpulītis

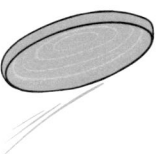

фрисби

lidojošais šķīvītis

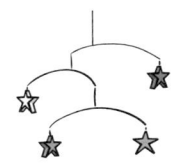

мобиле

muzikālais karuselis

настольная игра

galda spēle

кубик

metamais kauliņš

модель железной дороги

rotaļu dzelzceļš

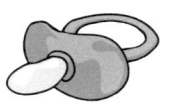

соска

māneklis

вечеринка

ballīte

книга с картинками

bilžu grāmata

мяч

bumba

кукла

lelle

играть

spēlēt

песочница

smilšu kaste

качели

šūpoles

игрушка

rotaļlietas

игровая приставка

spēļu konsole

трёхколесный велосипед

trīsritenis

плюшевый медвежонок

plīša lācītis

шкаф для одежды

drēbju skapis

одежда
apģērbs

носки

īszeķes

чулки

zeķes

колготки

zeķbikses

шарф
šalle

зонтик
lietussargs

футболка
T-krekls

ремень
siksna

сапоги
zābaks

тапки
čības

кроссовки
botas

сандалии
sandales

ботинки
kurpes

резиновые сапоги
gumijas zābaki

трусы
apakšbikses

бюстгальтер
krūšturis

майка
apakškrekls

боди

bodijs

брюки

bikses

джинсы

džinsi

юбка

svārki

блузка

blūze

рубашка

krekls

свитер

pulovers

свитер

džemperis

спортивная куртка

žakete

жакет

jaka

пальто

mētelis

плащ

lietus mētelis

костюм

kostīms

платье

kleita

свадебное платье

kāzu kleita

одежда - apģērbs

мужской костюм

uzvalks

ночная сорочка

naktskrekls

пижама

pidžama

сари

sari

платок

lakats

тюрбан

turbāns

паранджа

burka

кафтан

kaftāns

абайя

abaja

купальник

peldkostīms

плавки

peldbikses

шорты

šorti

спортивный костюм

treniņtērps

фартук

priekšauts

перчатки

cimdi

пуговица

poga

очки

brilles

браслет

rokassprādze

цепочка

kaklarota

кольцо

gredzens

серьга

auskars

шапка

cepure

вешалка

drēbju pakaramais

шляпа

platmale

галстук

kaklasaite

застежка молния

rāvējslēdzējs

шлем

ķivere

подтяжки

bikšturi

школьная форма

skolas forma

форма

uniforma

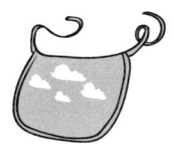

детский нагрудник

priekšautiņš

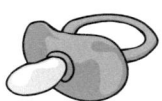

соска

māneklis

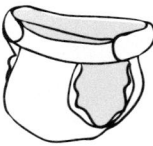

подгузник

autiņbiksītes

офис

birojs

сервер
serveris
канцелярский шкаф
dokumentu skapis
принтер
printeris
бумага
papīrs
монитор
monitors
мышь
pele
письменный стол
rakstāmgalds
папка
dokumentu vāki
клавиатура
klaviatūra
корзина для бумаг
papīrgrozs
компьютер
dators
стул
krēsls

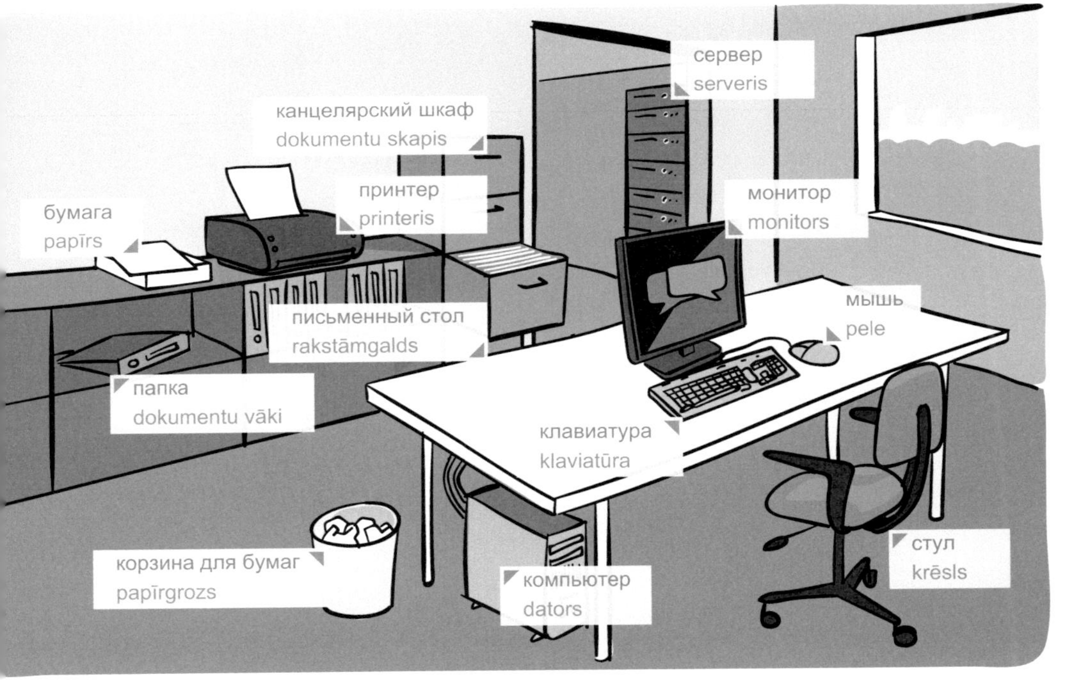

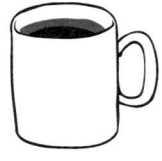

кофейная кружка

kafijas krūze

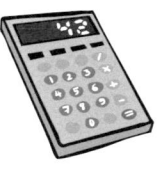

калькулятор

kalkulators

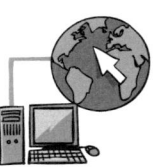

интернет

internets

ноутбук

portatīvais dators

письмо

vēstule

сообщение

ziņa

мобильный телефон

mobilais tālrunis

сеть

tīkls

ксерокс

kopētājs

программа

programmatūra

телефон

telefons

розетка

rozete

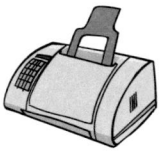

факс

faksa aparāts

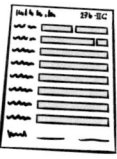

формуляр

formulārs

документ

dokuments

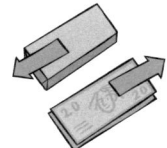

покупать

pirkt

платить

samaksāt

торговать

tirgot

деньги

nauda

 **USD**

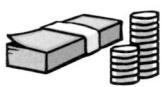

доллар

dolārs

 **EUR**

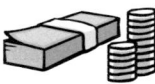

евро

eiro

 **JPY**

иена

jēna

 **RUB**

рубль

rublis

 **CHF**

франк

franks

 **CNY**

жэньминьби юань

juaņa renminbi

 **INR**

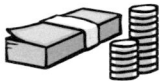

рупия

rūpija

банкомат

bankomāts

пункт обмена валюты

valūtas maiņas punkts

золото

zelts

серебро

sudrabs

нефть

nafta

энергия

enerģija

цена

cena

договор

līgums

налог

nodoklis

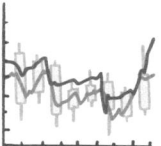

акция

akcija

работать

strādāt

служащий

darbinieks

работодатель

darba devējs

фабрика

fabrika

магазин

veikals

профессии
profesijas

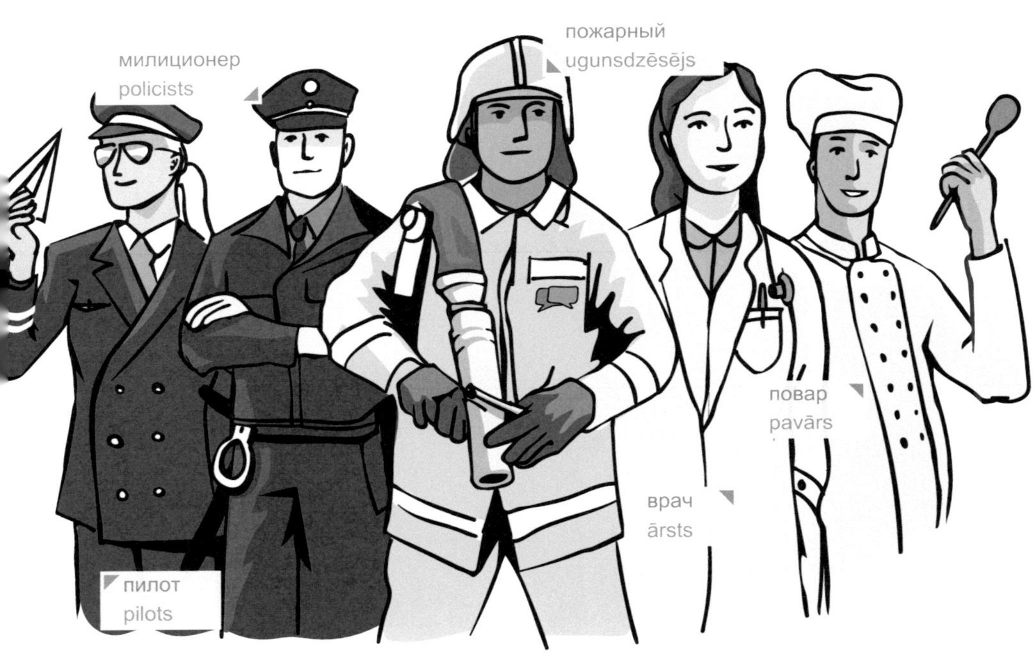
милиционер
policists
пожарный
ugunsdzēsējs
повар
pavārs
врач
ārsts
пилот
pilots

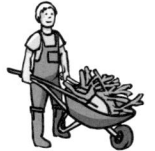

садовник

dārznieks

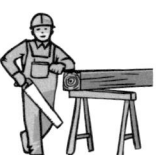

столяр

galdnieks

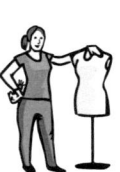

швея

šuvēja

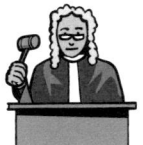

судья

tiesnesis

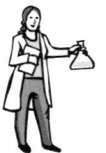

химик

ķīmiķis

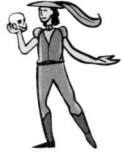

актёр

aktieris

водитель автобуса

autobusa vadītājs

таксист

taksometra vadītājs

рыбак

zvejnieks

уборщица

apkopēja

кровельщик

jumiķis

официант

viesmīlis

охотник

mednieks

художник

gleznotājs

пекарь

maiznieks

электрик

elektriķis

строитель

celtnieks

инженер

inženieris

мясник

miesnieks

сантехник

skārdnieks

почтальон

pastnieks

солдат

karavīrs

архитектор

arhitekts

кассир

kasieris

флорист

florists

парикмахер

frizieris

кондуктор

konduktors

механик

mehāniķis

капитан

kapteinis

зубной врач

zobārsts

ученый

zinātnieks

раввин

rabīns

имам

imāms

монах

mūks

священник

mācītājs

инструменты
instrumenti

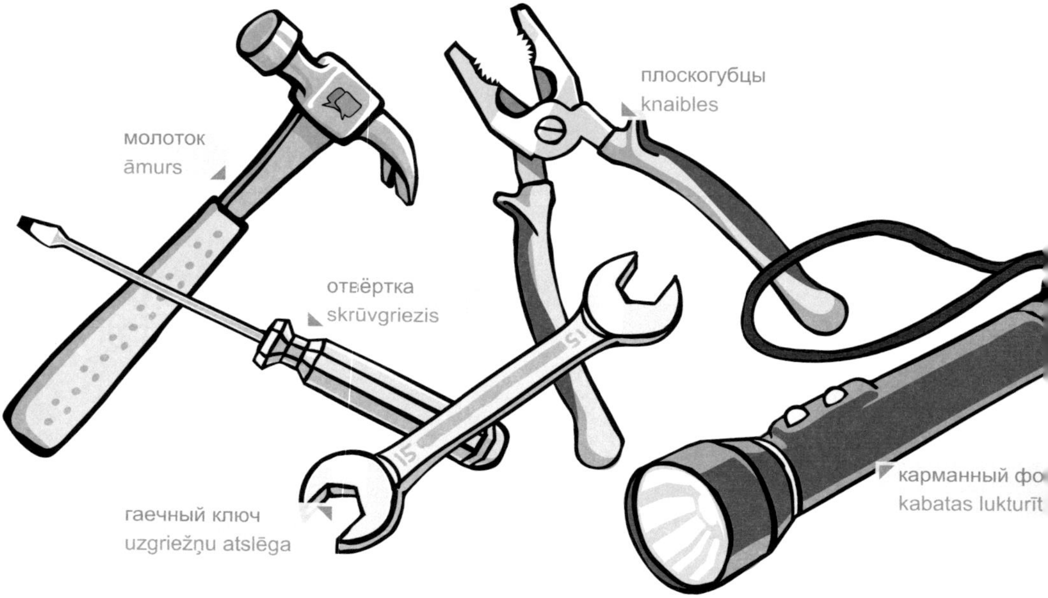
молоток
āmurs
плоскогубцы
knaibles
отвёртка
skrūvgriezis
карманный фо
kabatas lukturīt
гаечный ключ
uzgriežņu atslēga

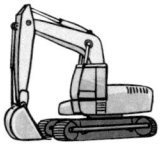

экскаватор

ekskavators

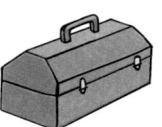

ящик для инструментов

instrumentu kaste

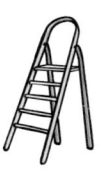

стремянка

kāpnes

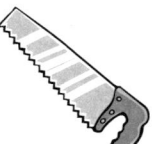

пила

zāģis

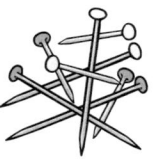

гвозди

naglas

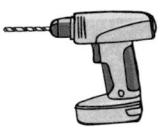

дрель

urbis

ремонтировать

remontēt

лопата

lāpsta

Блин!

Velns!

совок

liekšķere

ведро с краской

krāsas bundža

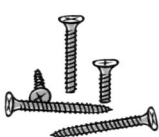

винты

skrūves

музыкальные инструменты
mūzikas instrumenti

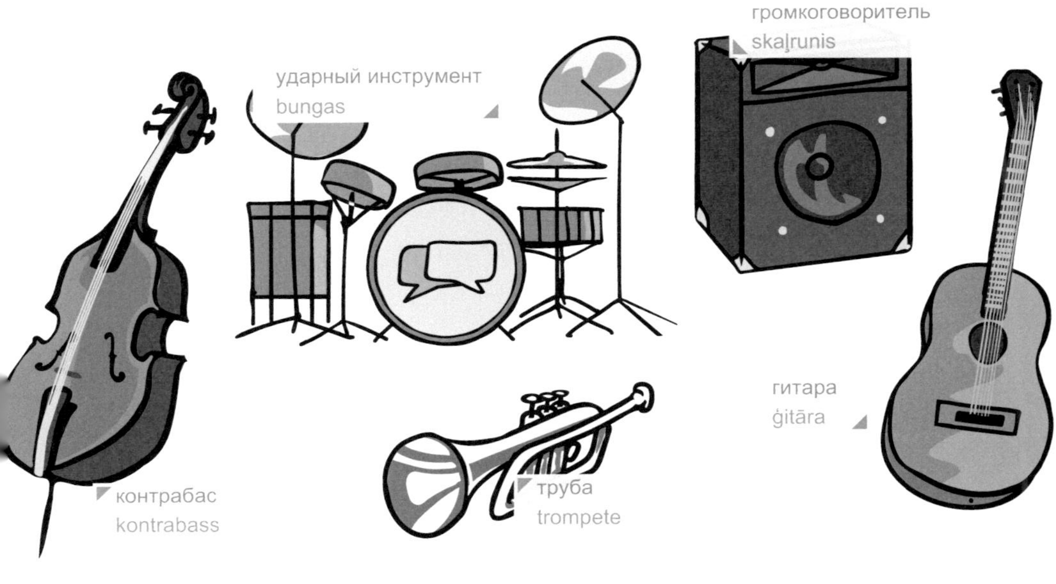

громкоговоритель

skaļrunis

ударный инструмент

bungas

гитара

ģitāra

контрабас

kontrabass

труба

trompete

пианино

klavieres

скрипка

vijole

бас-гитара

bass

литавры

timpāni

барабан

bungas

синтезатор

digitālās klavieres

саксофон

saksofons

флейта

flauta

микрофон

mikrofons

музыкальные инструменты - mūzikas instrumenti

зоопарк
zooloģiskais dārzs

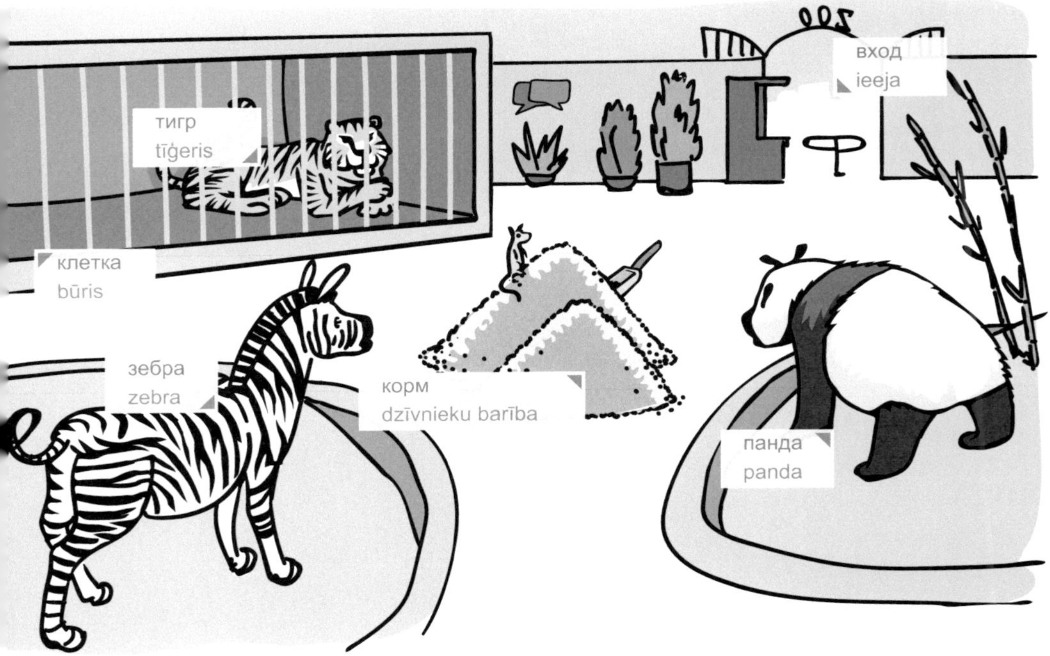
ZOO
вход
ieeja
тигр
tīģeris
клетка
būris
зебра
zebra
корм
dzīvnieku barība
панда
panda

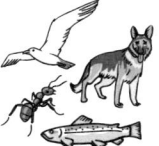

животные

dzīvnieki

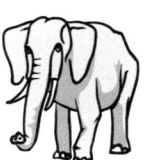

слон

zilonis

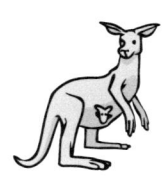

кенгуру

ķengurs

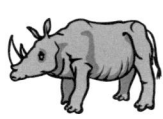

носорог

degunradzis

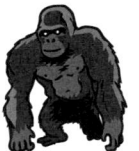

горилла

gorilla

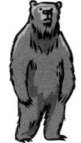

медведь

lācis

верблюд

kamielis

страус

strauss

лев

lauva

обезьяна

pērtiķis

фламинго

flamings

попугай

papagailis

белый медведь

polārlācis

пингвин

pingvīns

акула

haizivs

павлин

pāvs

змея

čūska

крокодил

krokodils

служитель зоопарка

zoodārza sargs

тюлень

ronis

ягуар

jaguārs

зоопарк - zooloģiskais dārzs

пони

ponijs

леопард

leopards

бегемот

nīlzirgs

жираф

žirafe

орёл

ērglis

кабан

meža cūka

рыба

zivs

черепаха

bruņurupucis

морж

valzirgs

лиса

lapsa

газель

gazele

зоопарк - zooloģiskais dārzs

спорт
sports

американский футбол
amerikāņu futbols

езда на велосипеде
riteņbraukšana

теннис
teniss

баскетбол
basketbols

плавание
peldēšana

бокс
bokss

хоккей
hokejs

футбол

futbols

бадминтон

badmintons

лёгкая атлетика

vieglatlētika

гандбол

rokas bumba

лыжный спорт

slēpošana

поло

polo

действия
darbības

смеяться
smieties
прыгать
lēkt
обнимать
apskaut
идти
iet
петь
dziedāt
мечтать
sapņot
молиться
lūgt
целовать
skūpstīt

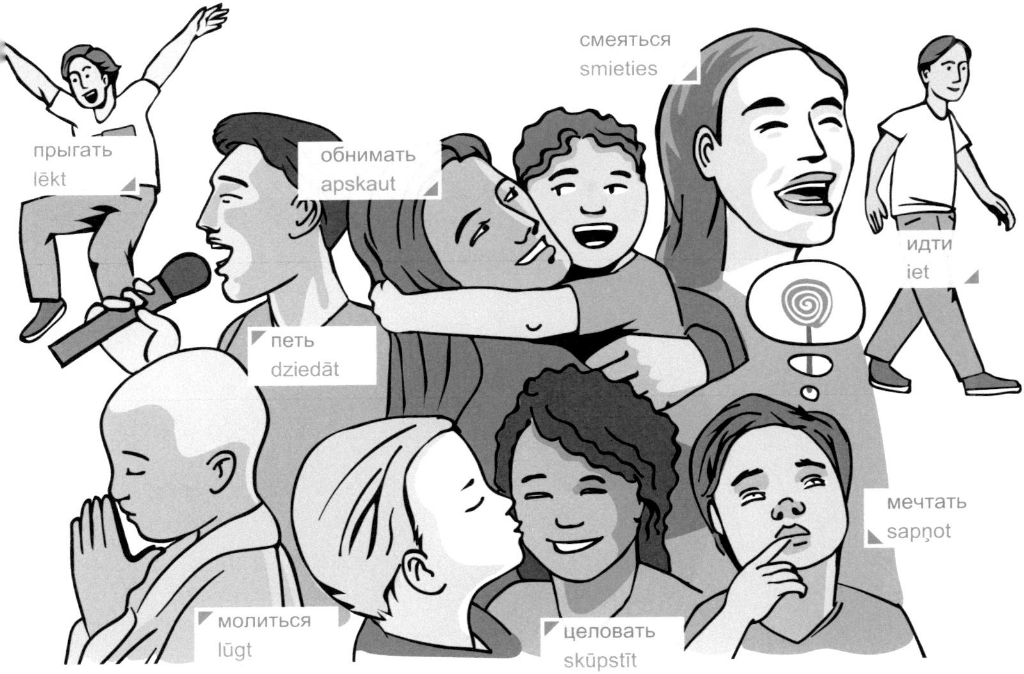

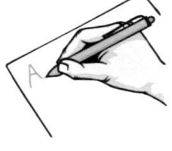

писать
rakstīt

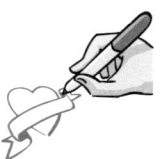

рисовать
zīmēt

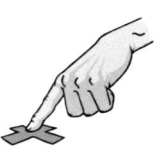

показывать
rādīt

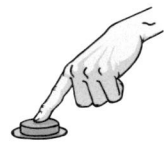

нажимать
spiest

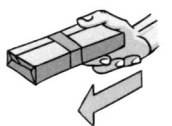

давать
dot

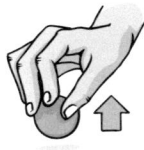

брать
ņemt

иметь
būt

делать
darīt

быть
būt

стоять
stāvēt

бежать
skriet

тянуть
vilkt

бросать
mest

падать
krist

лежать
gulēt

ждать
gaidīt

носить
nest

сидеть
sēdēt

надевать
uzģērbt

спать
gulēt

просыпаться
pamosties

рассматривать

skatīties

плакать

raudāt

гладить

glāstīt

причесывать

ķemmēt

говорить

runāt

понимать

saprast

спрашивать

jautāt

слушать

dzirdēt

пить

dzert

кушать

ēst

наводить порядок

sakārtot

любить

mīlēt

готовить

vārīt

ехать

braukt

летать

lidot

ходить под парусом

burot

считать

rēķināt

читать

lasīt

учиться

mācīties

работать

strādāt

вступать в брак

precēties

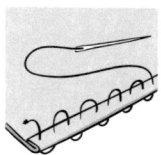

шить

šūt

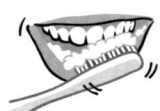

чистить зубы

tīrīt zobus

убивать

nogalināt

курить

smēķēt

отправлять

sūtīt

семья

ģimene

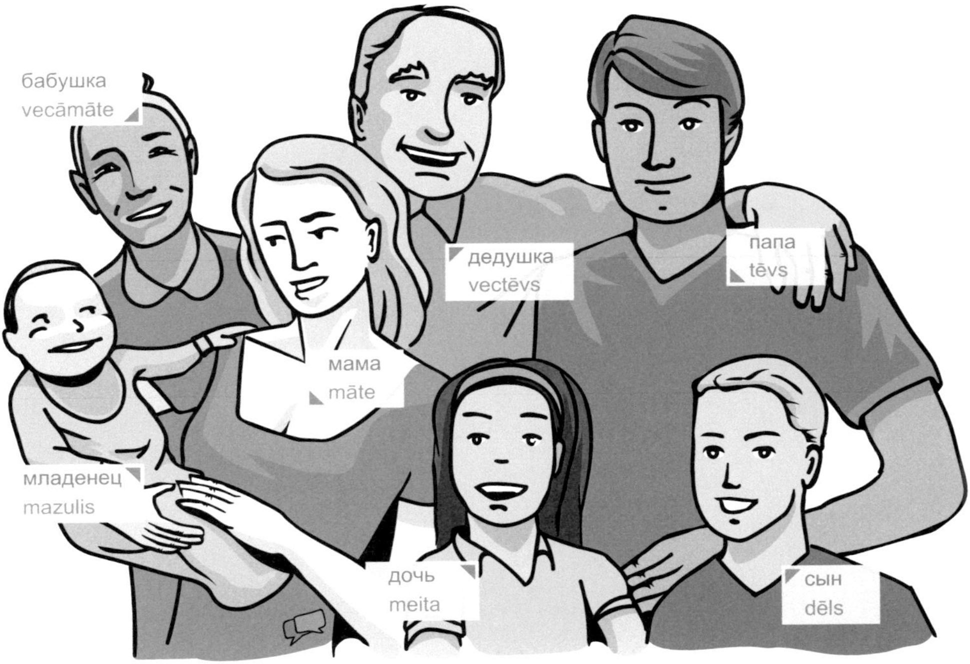

бабушка
vecāmāte
дедушка
vectēvs
папа
tēvs
мама
māte
младенец
mazulis
дочь
meita
сын
dēls

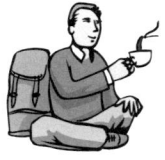

гость

viesis

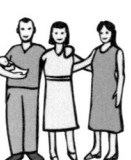

тетя

tante

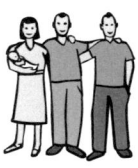

дядя

onkulis

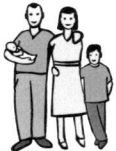

брат

brālis

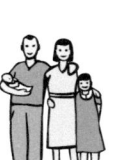

сестра

māsa

тело

ķermenis

лоб
piere
глаз
acs
плечо
plecs
палец
pirksts
лицо
seja
подбородок
zods
кисть
roka
грудь
krūtis
нога
kāja
рука
roka

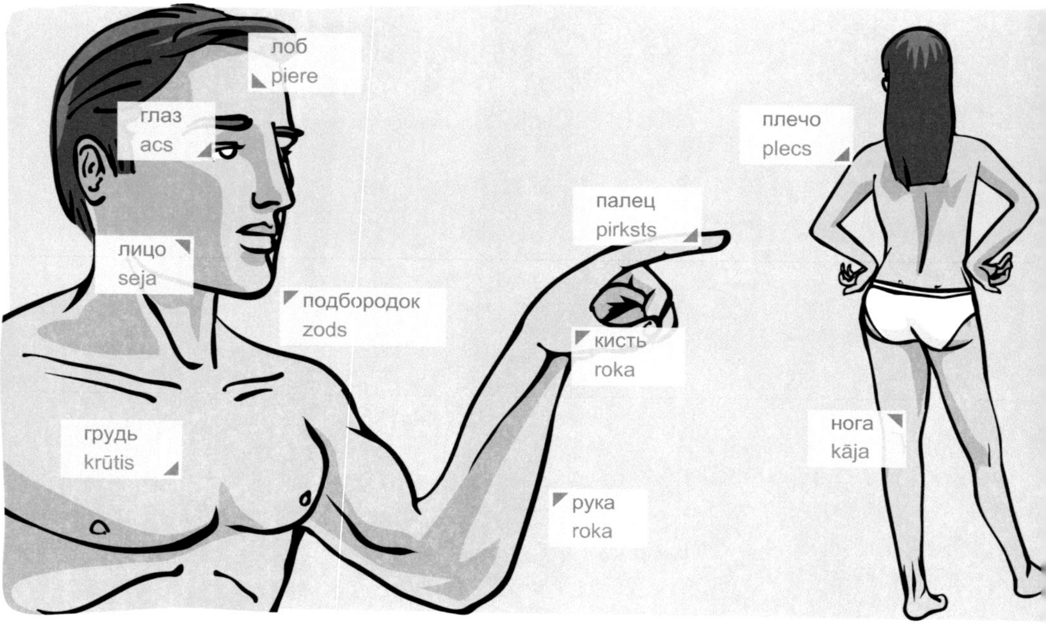

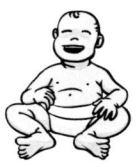

младенец
mazulis

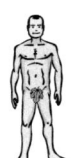

мужчина
vīrietis

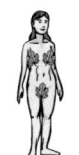

женщина
sieviete

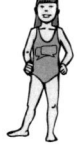

девочка
meitene

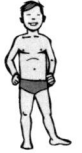

мальчик
zēns

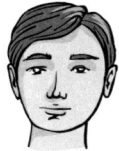

голова
galva

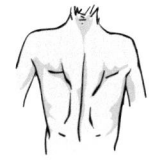

спина

mugura

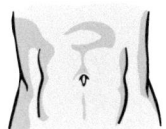

живот

vēders

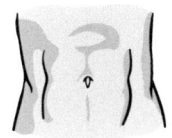

пупок

naba

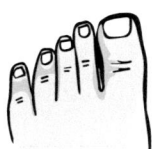

палец ноги

kājas pirksts

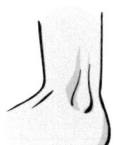

пятка

papēdis

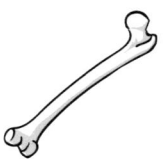

кость

kauls

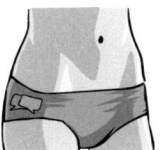

бедро

gurns

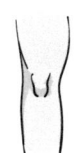

колено

celis

локоть

elkonis

нос

deguns

ягодицы

dibens

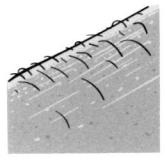

кожа

āda

щека

vaigs

ухо

auss

губа

lūpa

рот

mute

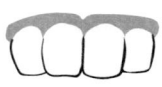

зуб

zobs

язык

mēle

мозг

smadzenes

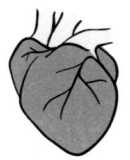

сердце

sirds

мышца

muskulis

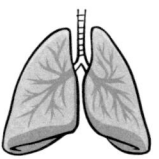

лёгкое

plaušas

печень

aknas

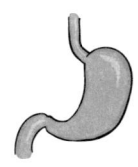

желудок

kuņģis

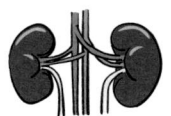

почки

nieres

половой акт

dzimumakts

презерватив

kondoms

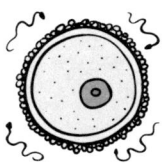

яйцеклетка

olšūna

сперма

sperma

беременность

grūtniecība

тело - ķermenis

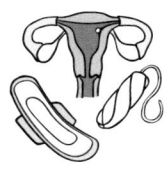

менструация

menstruācijas

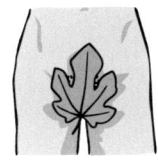

вагина

vagīna

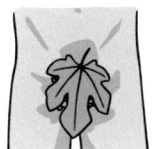

пенис

penis

бровь

uzacs

волосы

mati

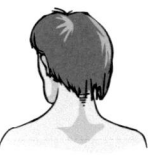

шея

kakls

больница
slimnīca

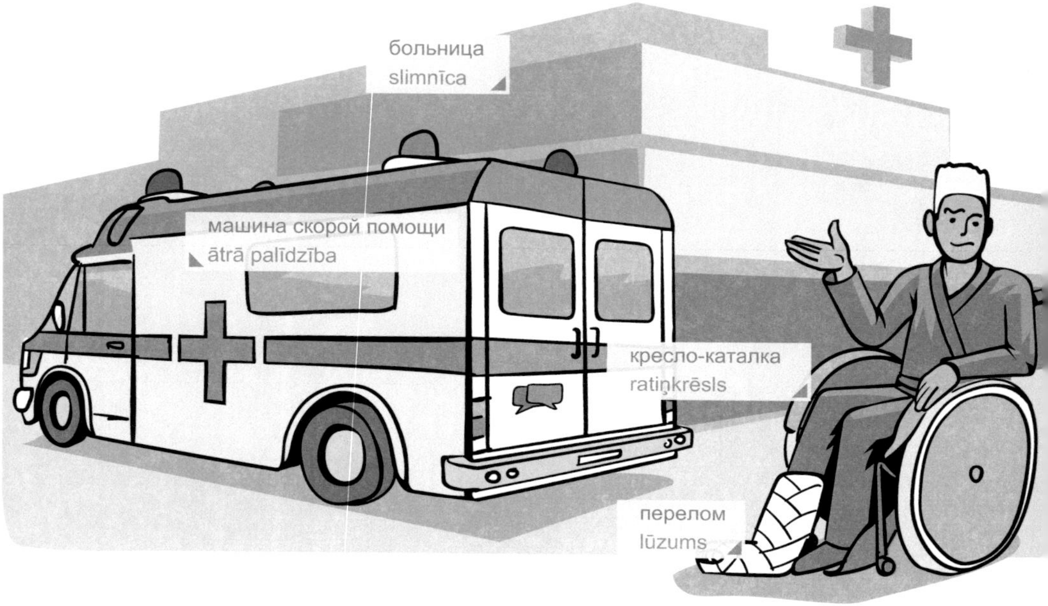

больница
slimnīca
машина скорой помощи
ātrā palīdzība
кресло-каталка
ratiņkrēsls
перелом
lūzums

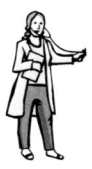

врач

ārsts

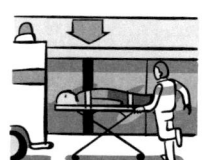

пункт первой помощи

neatliekamās palīdzības nodaļa

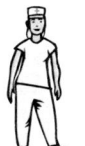

медсестра

medmāsa

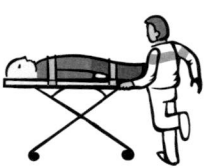

неотложный случай

ārkārtas gadījums

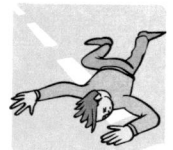

без сознания

paģībis

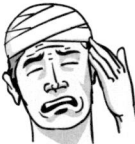

боль

sāpes

повреждение

ievainojums

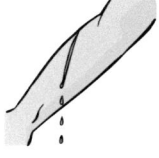

кровотечение

asiņošana

инфаркт

sirdslēkme

инсульт

insults

аллергия

alerģija

кашель

klepus

овышенная температура

temperatūra

грипп

gripa

понос

caureja

головная боль

galvassāpes

рак

vēzis

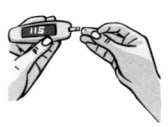

диабет

diabēts

хирург

ķirurgs

скальпель

skalpelis

операция

operācija

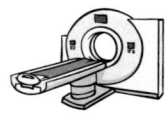

КТ

datortomogrāfija

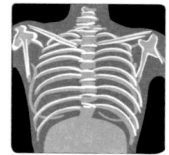

рентген

rentgents

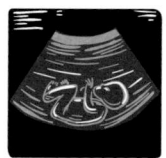

ультразвук

ultraskaņa

маска

sejas maska

болезнь

slimība

приёмная

uzgaidāmā telpa

костыль

kruķis

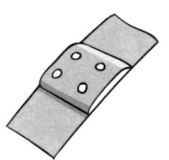

пластырь

plāksteris

бинт

apsējs

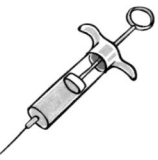

укол

injekcija

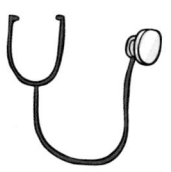

стетоскоп

stetoskops

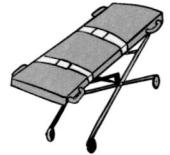

носилки

nestuves

термометр

termometrs

рождение

dzemdības

избыточный вес

liekais svars

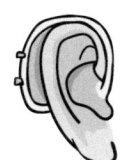

слуховой аппарат

dzirdes aparāts

дезинфекционное
средство
dezinfekcijas līdzeklis

инфекция

infekcija

вирус

vīruss

ВИЧ / СПИД

HIV / AIDS

лекарство

zāles

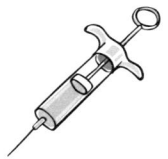

прививка

pote

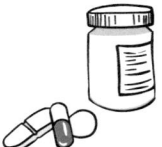

таблетки

tabletes

противозачаточная
таблетка

pretapauglošanās tablete

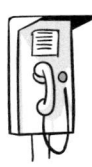

экстренный вызов

ārkārtas izsaukums

прибор для измерения
кровяного давления

asinsspiediena mērītājs

больной / здоровый

slims / vesels

сигнал тревоги

trauksme

нападение

uzbrukums

Помогите!

Palīgā!

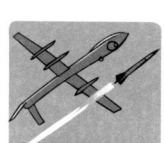

атака

uzbrukums

опасность

bīstamība

запасной выход

avārijas izeja

Пожар!

Uguns!

огнетушитель

ugunsdzēšamais aparāts

несчастный случай

negadījums

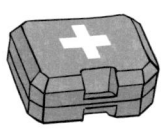

аптечка

pirmās palīdzības aptieciņa

SOS

SOS

милиция

policija

Европа

Eiropa

Северная Америка

Ziemeļamerika

Южная Америка

Dienvidamerika

Африка

Āfrika

Азия

Āzija

Австралия

Austrālija

Атлантический океан

Atlantijas okeāns

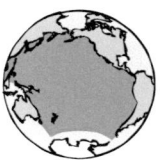

Тихий океан

Klusais okeāns

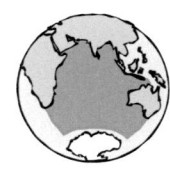

Индийский океан

Indijas okeāns

Антарктический океан

Dienvidu okeāns

Северный Ледовитый океан

Ziemeļu ledus okeāns

Северный полюс

Ziemeļpols

Южный полюс

Dienvidpols

Антарктика

Antarktika

земля

zeme

суша

zeme

море

jūra

остров

sala

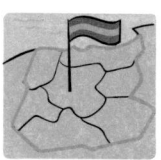

нация

nācija

государство

valsts

78   земля - zeme

циферблат

ciparnīca

часовая стрелка

stundu rādītājs

минутная стрелка

minūšu rādītājs

секундная стрелка

sekunžu rādītājs

Который час?

Cik ir pulkstenis?

день

diena

время

laiks

сейчас

tagad

электронные часы

digitālais pulkstenis

минута

minūte

час

stunda

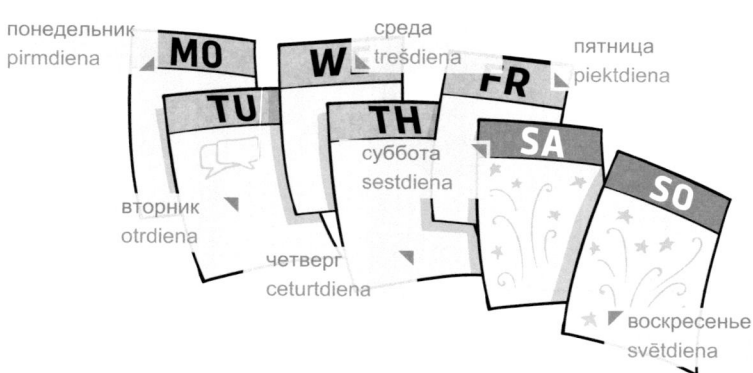

понедельник
pirmdiena

среда
trešdiena

пятница
piektdiena

вторник
otrdiena

четверг
ceturtdiena

суббота
sestdiena

воскресенье
svētdiena

вчера

vakardien

сегодня

šodien

завтра

rītdien

утро

rīts

полдень

pusdienlaiks

вечер

vakars

MO	TU	WE	TH	FR	SA	SU
1	2	3	4	5	6	7
8	9	10	11	12	13	14
15	16	17	18	19	20	21
22	23	24	25	26	27	28
29	30	31	1	2	3	4

рабочие дни

darbadienas

MO	TU	WE	TH	FR	SA	SU
1	2	3	4	5	6	7
8	9	10	11	12	13	14
15	16	17	18	19	20	21
22	23	24	25	26	27	28
29	30	31	1	2	3	4

выходные

brīvdienas

год
gads

дождь
lietus
радуга
varavīksne
снег
sniegs
ветер
vējš
весна
pavasaris
осень
rudens
лето
vasara
зима
ziema

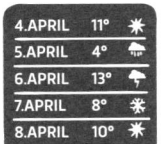

4.APRIL 11°
5.APRIL 4°
6.APRIL 13°
7.APRIL 8°
8.APRIL 10°

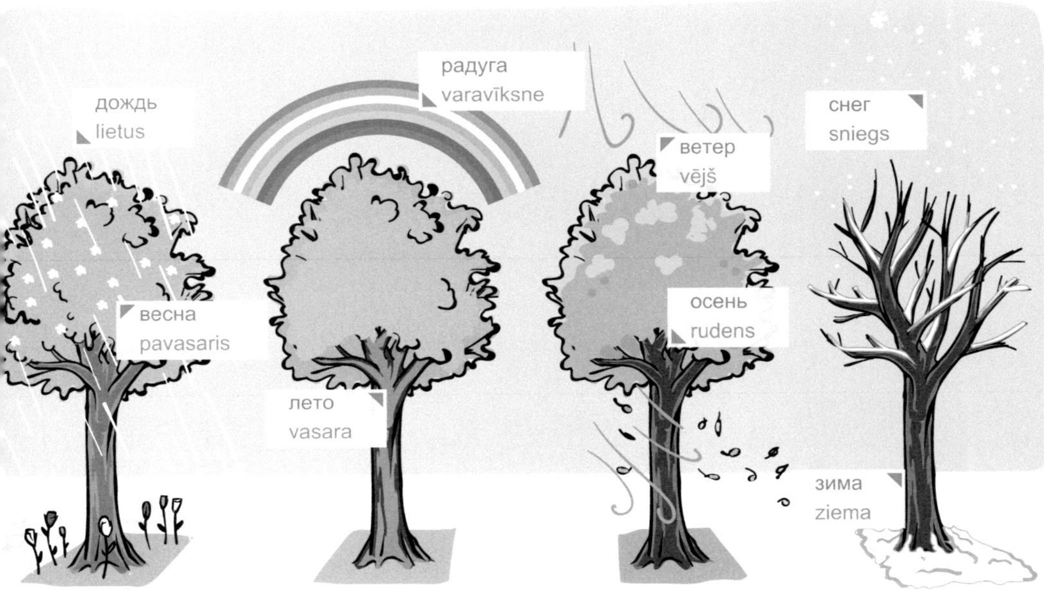

прогноз погоды

laika prognoze

F C
120 40
90 30
60 20
30 10
0 0
-30 -10
-20

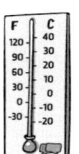

термометр

termometrs

солнечный свет

saules gaisma

туча

mākonis

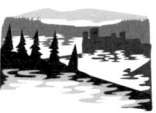

туман

migla

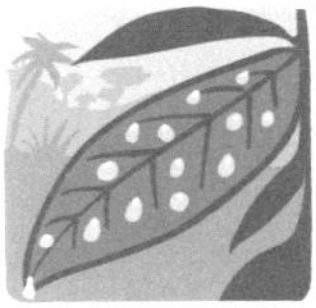

влажность воздуха

gaisa mitrums

молния

zibens

гром

pērkons

буря

vētra

град

krusa

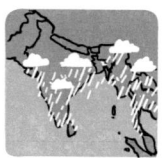

муссон

musons

наводнение

plūdi

лёд

ledus

январь

janvāris

февраль

februāris

март

marts

апрель

aprīlis

май

maijs

июнь

jūnijs

июль

jūlijs

август

augusts

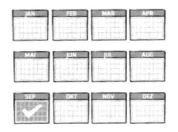

сентябрь

septembris

октябрь

oktobris

ноябрь

novembris

декабрь

decembris

формы
formas

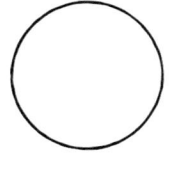

круг

aplis

квадрат

kvadrāts

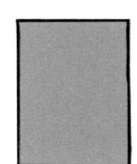

прямоугольник

četrstūris

треугольник

trīsstūris

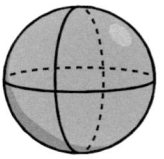

шар

lode

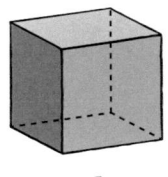

куб

kubs

белый

balts

желтый

dzeltens

оранжевый

oranžs

розовый

sārts

красный

sarkans

лиловый

lillā

синий

zils

зелёный

zaļš

коричневый

brūns

серый

pelēks

черный

melns

много / мало

daudz / maz

яростный / мирный

saniknots / miermīlīgs

красивый / уродливый

skaists / neglīts

начало / конец

sākums / beigas

большой / маленький

liels / mazs

светлый / темный

gaišs / tumšs

брат / сестра

brālis / māsa

чистый / грязный

tīrs / netīrs

полный / неполный

pilnīgs / nepilnīgs

день / ночь

diena / nakts

мёртвый / живой

miris / dzīvs

широкий / узкий

plats / šaurs

съедобный / несъедобный

baudāms / nebaudāms

злой / дружелюбный

nikns / laipns

взволнованный /
скучающий
satraukts / garlaikots

толстый / худой

resns / tievs

сначала / в конце

pirmais /pēdējais

друг / враг

draugs / ienaidnieks

полный / пустой

pilns / tukšs

твёрдый / мягкий

ciets / mīksts

тяжёлый / легкий

smags / viegls

голод / жажда

izsalkums / slāpes

больной / здоровый

slims / vesels

незаконный / законный

nelegāls / legāls

умный / глупый

inteliģents / dumjš

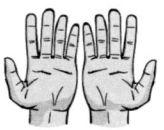

слева / справа

kreisais / labais

близко / далеко

tuvu / tālu

новый / подержанный

jauns / lietots

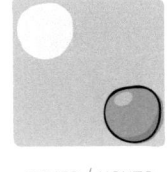

ничто / нечто

nekas / kaut kas

старый / молодой

vecs / jauns

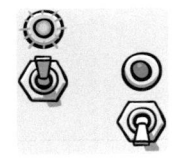

включено / выключено

ieslēgts / izslēgts

открыто / закрыто

atvērts / slēgts

тихо / громко

kluss / skaļš

богатый / бедный

bagāts / nabags

правильный /
неправильный
pareizi / nepareizi

шероховатый / гладкий

raupjš / gluds

печальный / счастливый

noskumis / laimīgs

короткий / длинный

īss / garš

медленный / быстрый

lēns / ātrs

мокрый / сухой

slapjš / sauss

тёплый / прохладный

silts / vēss

война / мир

karš / miers

противоположности - pretstati

0

ноль

nulle

1

один

viens

2

два

divi

3

три

trīs

4

четыре

četri

5

пять

pieci

6

шесть

seši

7

семь

septiņi

8

восемь

astoņi

9

девять

deviņi

10

десять

desmit

11

одиннадцать

vienpadsmit

12

двенадцать

divpadsmit

13

тринадцать

trīspadsmit

14

четырнадцать

četrpadsmit

15

пятнадцать

piecpadsmit

16

шестнадцать

sešpadsmit

17

семнадцать

septiņpadsmit

18

восемнадцать

astoņpadsmit

19

девятнадцать

deviņpadsmit

20

двадцать

divdesmit

100

сто

simts

1.000

тысяча

tūkstotis

1.000.000

миллион

miljons

цифры - skaitļi

английский

angļu

американский английский

amerikāņu angļu

мандаринский китайский

ķīniešu mandarīnu valoda

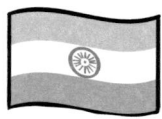

хинди

hindi

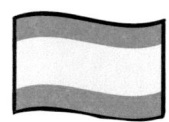

испанский

spāņu

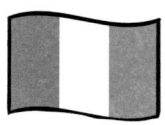

французский

franču

арабский

arābu

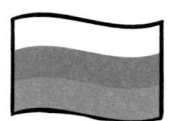

русский

krievu

португальский

portugāļu

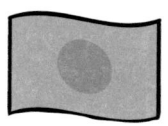

бенгальский

bengāļu

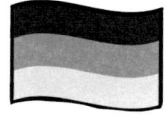

немецкий

vācu

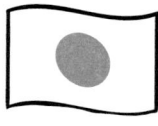

японский

japāņu

я
es

ты
tu

он / она / оно
viņš / viņa

мы
mēs

вы
jūs

они
viņi / viņas

кто?
kas?

что?
ko?

как?
kā?

где?
kur?

когда?
kad?

имя
vārds

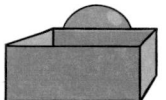

за
....
aiz

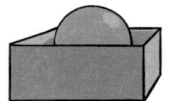

в
....
iekšā

перед
....
priekšā

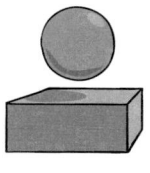

над
....
virs

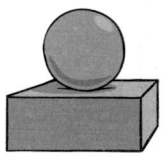

на
....
uz

под
....
zem

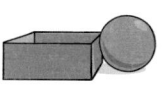

рядом
....
blakus

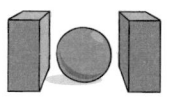

между
....
starp

место
....
vieta